Printed in the USA

Estonian Language:

101 Estonian Verbs

BY ANDRES LAAS

Contents

Introduction to Estonian Verbs

In Estonian language verbs have three grammatical persons, two numbers, two voices, four moods and four verb tenses. In dictionaries, the verbs are presented in a form of the *-ma* infinitive.

An example: the verb *luge-ma* (to read)

Most verbs follow the conjugation pattern where the stem does not change.

An example: *kutsu-ma* (to invite): *kutsu-n, kutsu-d, kutsu-b, kutsu-me, kutsu-te, kutsu-vad*

There are five conjugation patterns or types in total with several exceptions.

Few examples where the stem changes:

olema (to be) = *ole-n, ole-d, on, ole-me, ole-te, on (I am, you are, he/she is, we are, you are, they are)*

jooma (to drink) = *joo-n, joo-d, joo-b, joo-me, joo-te, joo-vad (I am drinking, you are drinking, he/she is drinking, we are drinking, you are drinking, they are drinking)*

Numbers, Grammatical Persons and Genders

There are two numbers: singular and plural. There are no grammatical genders in Estonian language but the pronoun *tema* (he/she) is used for living things such as people and animals. Pronoun *see* (it) is used when describing things. When the form has a personal ending, the personal pronouns could be used but it is not compulsory.

Here is an example with the verb *sööma* (to eat) in present tense:

Number	1. First Person	2. Second Person	3. Third Person
Singular	(mina) *söö-**n***	(sina) *söö-**d***	(tema/see) *söö-**b***
Plural	(meie) *söö-**me***	(teie) *söö-**te***	(nemad) *söö-**vad***

1. First person usually has a personal ending such as: **-n** in singular and **-me** in plural.

Examples: *istu-n* (I sit), *lugesi-me* (we were reading)

2. Second person usually has a personal ending such as: **-d** in singular and **-te** in plural.

Examples: *kuula-d* (you (singular) are listening), *uskusi-te* (you (plural) were believing)

3. Third person sometimes lacks the personal ending, but often in present tense ends with **-b** in singular and **-vad** in plural.

Examples: *vaata-b* (he/she is looking), *karda-vad* (they are afraid)

Voice

The voice shows the relation between the subject and the action, i.e. whether the subject denotes the agent or the patient of the action. In Estonian language, the voice is not presented by the auxiliary verb, as it is in English. There are two voices: active and passive.

1. The active voice – expresses the activity or being together with the person. There is no specific form to this voice.

Examples: *lugesime* (we were reading), *ta olevat kuulnud* (he/she reportedly heard)

2. The passive or impersonal voice – expresses the activity or being without naming the person. These forms normally translate into English by using the words such as 'people' or 'one'. The form has an ending of **-ta-**, **-da-**, **-a-**, in front of the vocal only **-t-** or **-d-** is used.

Examples: *loe-ta-ks* (would read), *oleks tul-d-ud* (would have come)

Kirju kirjutatakse sinise pastapliiatsiga. = One writes letters with a blue pen.

Mood

The following moods exist in Estonian:

1. Indicative mood – the speaker represents the verb's action as real.

2. Conditional mood – the verb's action is represented as depending on external conditions. The postfix used in present tense active voice is *-ksi-* and *-taks* in passive voice. The **oleks** preposition and *-nud* postfix are used in perfect tense active voice. In perfect tense passive voice the **oleks** preposition and *-tud* postfix are used. There is no conditional mood in imperfect nor pluperfect tenses.

	Active						Passive
	Singular			Plural			
	First	Second	Third	First	Second	Third	
Present Tense	*istu-**ksi-n***	*istu-**ksi-d***	*istu-**ks***	*istu-**ksi-me***	*istu-**ksi-te***	*istu-**ksi-d***	*istu-**taks***
Perfect Tense	**ole-ksi-n** *istu-**nud***	**ole-ksi-d** *istu-**nud***	**ole-ks** *istu-**nud***	**ole-ksi-me** *istu-**nud***	**ole-ksi-te** *istu-**nud***	**ole-ksi-d** *istu-**nud***	**ole-ks** *istu-tud*

3. Imperative mood – it expresses an order or a request. It has its own conjugation – by adding suitable postfix to the root of the verb. There is no imperative mood in imperfect nor pluperfect tenses.

	Active						Passive
	Singular			Plural			
	First	Second	Third	First	Second	Third	
Present Tense	----	*istu*	*istu-**gu***	*istu-**gem***	*istu-**ge***	*istu-**gu***	*istu-**tagu***
Perfect Tense	----	----	**olgu** *istu-**nud***	----	----	**olgu** *istu-**nud***	**olgu** *istu-tud*

4. Quotative mood – (or the oblique mood) quoting someone else – the speaker retells something he/she heard from someone else. The quotative mood is obtained from the stem of the supine by adding **-vat**. There is no quotative mood in imperfect nor pluperfect tenses.

	Active Voice	Passive Voice
Present Tense	*istu-**vat***	*istu-**ta**-**vat***
Perfect Tense	***ole**-vat istunud*	***ole**-vat istu-**tud***

Examples:

*Ta ei näge**vat** seda maja.* = He/She reportedly doesn't see that house.

*Ta ole**vat** pime.* = He/She is supposedly blind.

Tenses

In Estonian language there are four tenses: present, imperfect, perfect and pluperfect. While present tense describes the future or current activity, the rest of the three express activities in the past.

Present Tense

Present tense expresses the activity currently taking place, taking place in the future or permanent activity. Estonian language uses contextual means to express the future.

Examples:

*Laura võta**b** lille.* = Laura is taking the flower.

Ma lähen homme linna. = I will be going to the city tomorrow.

Person	Singular			Person	Plural	
1. *(ma)*	*kuule-**n***	'I can hear'		*(me)*	*kuule-**me***	'we can hear'
2. *(sa)*	*kuule-**d***	'you can hear'		*(te)*	*kuule-**te***	'you can hear'
3. *(ta)*	*kuule-**b***	'he/she can hear'		*(nad)*	*kuule-**vad***	'they can hear'

The negative particle used with the present tense is ***ei***. The negative form has no personal ending, so the personal pronouns should be used.

Person	Singular			Person	Plural	
1. *Ma*	***ei** kuule*	'I can't hear'		*Me*	***ei** kuule*	'we can't hear'
2. *Sa*	***ei** kuule*	'you can't hear'		*Te*	***ei** kuule*	'you can't hear'
3. *Ta*	***ei** kuule*	'he/she can't hear'		*Nad*	***ei** kuule*	'they can't hear'

Imperfect or Simple Past

Imperfect expresses the activity that happened once in the past, repeatedly or constantly. For most verbs, the affirmative forms of the imperfect use the stem of the supine.

Examples:

*Lapsed laul**sid** ilusat laulu.* = The children were singing a beautiful song.

*Ma lõpeta**sin** ülikooli.* = I graduated from the university.

Person	Singular			Person	Plural	
1. *(ma)*	*alusta-**si-n***	'I began'		*(me)*	*alusta-**si-me***	'we began'
2. *(sa)*	*alusta-**si-d***	'you began'		*(te)*	*alusta-**si-te***	'you began'
3. *(ta)*	*alusta-**s***	'he/she began'		*(nad)*	*alusta-**si-d***	'they began'

The negative particle used with the imperfect tense is *ei*. The negative form has no personal ending, so the personal pronouns should be used.

Person	Singular		Person	Plural	
1. Ma	*ei alusta-**nud***	'I didn't begin'	Me	*ei alusta-**nud***	'we didn't begin'
2. Sa	*ei alusta-**nud***	'you didn't begin'	Te	*ei alusta-**nud***	'you didn't begin'
3. Ta	*ei alusta-**nud***	'he/she didn't begin'	Nad	*ei alusta-**nud***	'they didn't begin'

Perfect Tense

Perfect tense expresses an action or circumstance occurred earlier than the time under consideration. Perfect tense often focuses attention on the resulting state rather than on the occurrence itself. The perfect tense is formed with the present tense form of the verb ***olema*** (to be) and the active past participle.

Examples:

*Mu isa **oli** juba koju jõud**nud**.* = My father had already arrived home.

*Ma **ole**ksin sellest rääki**nud** kui oleks aega olnud.* = I would have told about it, if I had more time.

Person	Singular		Person	Plural	
1. (ma)	**ole-n** *arva-**nud***	'I have thought'	(me)	**ole-me** *arva-**nud***	'we have thought'
2. (sa)	**ole-d** *arva-**nud***	'you have thought'	(te)	**ole-te** *arva-**nud***	'you have thought'
3. (ta)	**on** *arva-**nud***	'he/she has thought'	(nad)	**on** *arva-**nud***	'they have thought'

The negative particle used with the perfect tense is *ei* with the form of the verb *olema* (to be). The negative form has no personal ending, so the personal pronouns should be used.

Person	Singular		Person	Plural	
1. Ma	*ei ole arva-nud*	'I haven't thought'	Me	*ei ole arva-nud*	'we haven't thought'
2. Sa	*ei ole arva-nud*	'you haven't thought'	Te	*ei ole arva-nud*	'you haven't thought'
3. Ta	*ei ole arva-nud*	'he/she hasn't thought'	Nad	*ei ole arva-nud*	'they haven't thought'

Pluperfect Tense

Pluperfect expresses four functions:

- The activity in the main clause that happened in the past, before the activity begun in the subordinate clause.

An example: *Laura **oli** kingid juba pakki**nud**, kui Mart sisse astus.* = Laura had already packed the gifts, when Mart stepped in.

- Activity in the past that can be determined through the adverbial of time or context.

An example: *Kass istus aknalaual, samas kohas, kus ta juba hommikul **oli** istu**nud**.* = The cat was sitting on the windowsill, at the same spot, where it was sitting in the morning.

- The result of the action in the past.

An example: *Leiva hind **oli** muutu**nud**.* = The price of the bread had changed.

- Activity in the past that the speaker hasn't witnessed.

An example: *Mu sõber ütles, et nad **olid** bussiga tul**nud**.* = My friend said that they had come with a bus.

The pluperfect is formed using the imperfect form of the verb **olema** and the active past participle. Some personal endings match, so the personal pronouns could be used.

Person	Singular		Person	Plural	
1. (ma)	**oli-n** näi-**nud**	'I had seen'	(me)	**oli-me** näi-**nud**	'we had seen'
2. Sa	**oli-d** näi-**nud**	'you had seen'	(te)	**oli-te** näi-**nud**	'you had seen'
3. Ta	**oli** näi-**nud**	'he/she had seen'	Nad	**oli-d** näi-**nud**	'they had seen'

The negative particle used with the pluperfect tense is **ei** with the form of the verb **olema** (to be). The negative form has no personal ending, so the personal pronouns should be used.

Person	Singular		Person	Plural	
1. Ma	**ei olnud** näi-**nud**	'I hadn't seen'	Me	**ei olnud** näi-**nud**	'we hadn't seen'
2. Sa	**ei olnud** näi-**nud**	'you hadn't seen'	Te	**ei olnud** näi-**nud**	'you hadn't seen'
3. Ta	**ei olnud** näi-**nud**	'he/she hadn't seen'	Nad	**ei olnud** näi-**nud**	'they hadn't seen'

The Complete Table of Conjugation Froms

				Present Tense		Past Tenses					
						Imperfect		Perfect		Pluperfect	
				Affirmative	Negative	Affirmative	Negative	Affirmative	Negative	Affirmative	Negative
Indicative Mood	Active Voice	1st Person/ Singular	Ma	-n	ei -	-sin	ei -nud	olen -nud	ei ole -nud	olin -nud	ei olnud -nud
		2nd Person/ Singular	Sa	-d		-sid		oled -nud		olid -nud	
		3rd Person/ Singular	Ta	-b		-s		on -nud		oli -nud	
		1st Person/ Plural	Me	-me		-sime		oleme -nud		olime -nud	
		2nd Person/ Plural	Te	-te		-site		olete -nud		olite -nud	
		3rd Person/ Plural	Nad	-vad		-sid		on -nud		olid -nud	
	Passive Voice			-takse	ei -ta/ ei -da	-ti/ -di	ei -tud/ ei -dud	on -tud/ on -dud	ei ole -tud/ ei ole -dud	oli -tud/ oli -dud	ei olnud -tud/ ei olnud -dud
Conditional Mood	Active Voice	1st Person/ Singular	Ma	-ksin	ei -ks	----	----	oleksin -nud	ei oleks -nud	----	----
		2nd Person/ Singular	Sa	-ksid		----	----	oleksid -nud		----	----
		3rd Person/ Singular	Ta	-ks		----	----	oleks -nud		----	----
		1st Person/ Plural	Me	-ksime		----	----	oleksime -nud		----	----
		2nd Person/ Plural	Te	-ksite		----	----	oleksite -nud		----	----
		3rd Person/ Plural	Nad	-ksid		----	----	oleksid -nud		----	----
	Passive Voice			-taks/ -daks	ei -taks/ ei -daks	----	----	oleks -tud/ oleks -dud	ei oleks -tud/ ei oleks -dud	----	----

Mood	Voice	Person									
Imperative Mood	Active Voice	1st Person/ Singular	Ma	-----	-----	----	----	-----	-----	----	----
		2nd Person/ Singular	Sa	-	ära -	----	----	-----	-----	----	----
		3rd Person/ Singular	Ta	-gu/ -ku	ärgu -gu/ ärgu -ku	----	----	olgu -nud	ärgu olgu -nud	----	----
		1st Person/ Plural	Me	-gem/ -kem	ärgem -gem/ ärgem -kem	----	----	----	----	----	----
		2nd Person/ Plural	Te	-ge/ -ke	ärge -ge/ ärge -ke	----	----	----	----	----	----
		3rd Person/ Plural	Nad	-gu/ -ku	ärgu -gu/ ärgu -ku	----	----	olgu -nud	ärgu olgu -nud	----	----
	Passive Voice			-tagu/ -dagu	ärgu -tagu/ ärgu -dagu	----	----	olgu -tud/ olgu -dud	ärgu olgu -tud/ärgu olgu -dud	----	----
Quotative Mood	Active Voice	1st Person/ Singular	Ma	-vat	ei -vat	----	----	olevat -nud	ei olevat -nud	----	----
		2nd Person/ Singular	Sa	-vat	ei -vat	----	----	olevat -nud	ei olevat -nud	----	----
		3rd Person/ Singular	Ta	-vat	ei -vat	----	----	olevat -nud	ei olevat -nud	----	----
		1st Person/ Plural	Me	-vat	ei -vat	----	----	olevat -nud	ei olevat -nud	----	----
		2nd Person/ Plural	Te	-vat	ei -vat	----	----	olevat -nud	ei olevat -nud	----	----
		3rd Person/ Plural	Nad	-vat	ei -vat	----	----	olevat -nud	ei olevat -nud	----	----
	Passive Voice			-tavat/ -davat	ei -tavat/ei -davat	----	----	olevat -tud/ olevat -dud	ei olevat -tud/ ei olevat -dud	----	----

Conjugation Patterns

All the verbs in vocabularies are in the supine which means each verb has syllable **-ma** in the end.

Examples: *lugema* (to read), *istuma* (to sit)

Most verb forms can be derived from the base forms: the supine (also called the -ma infinitive), the infinitive (also called the -da infinitive), the present indicative (for example, the 1st person singular), and the -tud participle. The majority of verbs, around 90% conjugate in a way that the stem doesn't change.

However there are several exceptions. The conjugation types for specific verbs can be found from the "Eesti õigekeelsussõnaraamat ÕS 2013" (Eesti Keele Sihtasutus, 2013) or on-line on http://www.eki.ee/dict/qs/.

There are five conjugation types or patterns:

1. Around 85% of the Estonian verbs conjugate as the word *elama* (to live) – the stem does not change.

the *-ma* infinitive	ela-**ma**
the *-da* infinitive	ela-**da**
the imperfect	ela-**s**
the passive or impersonal voice	ela-**takse**
the *-tud* participle	ela-**tud**
the imperative mood	ela-**ge**

2. Around 10% of the Estonian verbs conjugate as the word *hüppama* (to jump).

the *-ma* infinitive	hüppa-**ma**	*hüppa-n, hüppa-d, hüppa-b*
the *-da* infinitive	hüpa-**ta**	
the imperfect	hüppa-**s**	*hüppa-sin, hüppa-sid,hüppa-s, hüppa-sime*
the passive or impersonal voice	hüpa-**takse**	*ei hüpa-taks, hüpa-tagu, hüpa-tavat*
the *-tud* participle	hüpa-**tud**	*oleks hüpa-tud, oli hüpa-tud, oled hüpa-nud*
the imperative mood	hüpa-**ke**	*hüpa-ku, hüpa-kem, ärgu hüpa-ku*

3. Around 200 verbs conjugate as the word *riidlema* (to quarrel).

the *-ma* infinitive	riidle-**ma**	*riidle-n, riidle-d, riidle-b*
the *-da* infinitive	riiel-**da**	
the imperfect	riidle-**s**	*riidle-sin, riidle-sid, riidle-s, riidle-sime*

the passive or impersonal voice	*riiel-dakse*	*ei riiel-daks, riiel-dagu, riiel-davat*
the *-tud* participle	*riiel-dud*	*oleks riiel-dud, oli riiel-dud, oled riiel-nud*
the imperative mood	*riiel-ge*	*riiel-gu, riiel-gem, ärgu riiel-gu*

4. Around 80 verbs conjugate as the word *söötma* (to feed).

the *-ma* infinitive	*sööt-ma*	**sööda-n, sööda-d, sööda-b**
the *-da* infinitive	*sööt-a*	
the imperfect	*sööt-is*	*sööt-sin, sööt-sid, sööt-is, sööt-sime*
the passive or impersonal voice	*sööde-takse*	*ei sööde-taks, sööde-tagu, sööde-tavat*
the *-tud* participle	*sööde-tud*	*oleks sööde-tud, oli sööde-tud, **oled sööt-nud***
the imperative mood	*sööt-ke*	*sööt-ku, sööt-kem, ärgu sööt-ku*

5. *73* Estonian verbs conjugate as the word *tulema* (to come)

the *-ma* infinitive	*tule-ma*	*tule-n, tule-d, tule-b*
the *-da* infinitive	*tul-la*	
the imperfect	*tul-i*	*tul-in, tul-id, tul-i, tul-ime*
the passive or impersonal voice	*tul-lakse*	*ei tul-laks, tul-dagu, tul-davat*
the *-tud* participle	*tul-dud*	*oleks tul-dud, oli tul-dud, oled tul-nud*
the imperative mood	*tul-ge*	*tul-gu, tul-gem, ärgu tul-gu*

Pronouncing Estonian alphabet

A, a - like **a** in 'f**a**ther'

B, b - pronounced as in English

D, d - pronounced as in English

E, e - like **e** in 'g**e**t'

F, f - pronounced as in English

G, g - pronounced as in English

H, h - like **h** in '**h**orse'

I, i - like **ee** in 'fl**ee**'

J, j - like **y** in '**y**es'

K, k - pronounced as in English

L, l - pronounced as in English

M, m - pronounced as in English

N, n - pronounced as in English

O, o - like **o** in '**o**nion'

P, p - pronounced as in English

R, r - trilled, like Spanish **rr**

S, s - like **s** in '**s**un'

Š, š - like **sh** in '**sh**oe'

Z, z - like **z** in '**z**ebra'

Ž, ž - like **s** in 'mea**s**ure'

T, t - pronounced as in English

U, u - like **oo** in 'm**oo**n'

V, v - pronounced as in English

Õ, õ - halfway between the **e** in 'set' and the **u** in 'hung'

Ä, ä - like **a** in '**a**sk'

Ö, ö - similar to **e** in 'h**e**r'

Ü, ü - similar to **ew** in 'f**ew**'

The List of 101 Estonian Verbs

In this section each English verb is followed by the Estonian translation and transliteration in the brackets. Each table comprises the basic conjugations in indicative mood, active voice to get you started. Please check the introduction to find the complete table of conjugation forms.

In each Estonian word the accent is always on the first syllable.

Note that each personal pronoun has the long and short form. Normally the short form is used but when you want to emphasize the personal pronoun then use the long form.
Here is the list of personal pronouns:

I = *Mina* or *Ma*
You (singular) = *Sina* or *Sa*
He/She = *Tema* or *Ta*, It = *See*
We = *Meie* or *Me*
You (plural) = *Teie* or *Te*
They = *Nemad* or *Nad*

1. To accept – vastu võtma (VAHS-to VEWT-ma)

I will accept the offer. = Ma võtan pakkumise vastu.

Have they accepted the apology? = Kas nad on vabanduse vastu võtnud?

We have accepted your order. = Me oleme teie tellimuse vastu võtnud.

Indicative Mood, Active Voice		Present Tense	Imperfect Tense	Perfect Tense
1st Person, Singular	Mina	võtan vastu	võtsin vastu	olen vastu võtnud
2nd Person, Singular	Sina	võtad vastu	võtsid vastu	oled vastu võtnud
3rd Person, Singular	Tema	võtab vastu	võttis vastu	on vastu võtnud
1st Person, Plural	Meie	võtame vastu	võtsime vastu	oleme vastu võtnud
2nd Person, Plural	Teie	võtate vastu	võtsite vastu	olete vastu võtnud
3rd Person, Plural	Nemad	võtavad vastu	võtsid vastu	on vastu võtnud

2. To admit – tunnistama (TOON-nis-tah-mah)

Monika admitted that it was the highest mountain she had ever seen. = Monika tunnistas, et see oli kõrgeim mägi, mida ta iial näinud oli.

Have they admitted their guilt? = Kas nad on enda süüd tunnistanud?

Indicative Mood, Active Voice		Present Tense	Imperfect Tense	Perfect Tense
1st Person/ Singular	Mina	tunnistan	tunnistasin	olen tunnistanud
2nd Person/ Singular	Sina	tunnistad	tunnistasid	oled tunnistanud
3rd Person/ Singular	Tema	tunnistab	tunnistas	on tunnistanud
1st Person/ Plural	Meie	tunnistame	tunnistasime	oleme tunnistanud
2nd Person/ Plural	Teie	tunnistate	tunnistasite	olete tunnistanud
3rd Person/ Plural	Nemad	tunnistavad	tunnistasid	on tunnistanud

3. To answer - vastama (VASH-tah-mah)

Did you answer the question? = Kas te vastasite küsimusele?

I will answer the phone when it rings. = Ma vastan telefonile, kui see heliseb.

We have answered all the queries. = Me oleme vastanud kõikidele päringutele.

Indicative Mood, Active Voice		Present Tense	Imperfect Tense	Perfect Tense
1st Person/ Singular	Mina	vastan	vastasin	olen vastanud
2nd Person/ Singular	Sina	vastad	vastasid	oled vastanud
3rd Person/ Singular	Tema	vastab	vastas	on vastanud
1st Person/ Plural	Meie	vastame	vastasime	oleme vastanud
2nd Person/ Plural	Teie	vastate	vastasite	olete vastanud
3rd Person/ Plural	Nemad	vastavad	vastasid	on vastanud

4. To appear - ilmuma (IHL-muh-mah)

He appeared out of nowhere. = Ta ilmus ei kusagilt.

We have appeared in public several times. = Me oleme avalikkuse ette ilmunud mitu korda.

Indicative Mood, Active Voice		Present Tense	Imperfect Tense	Perfect Tense
1st Person/ Singular	Mina	ilmun	ilmusin	olen ilmunud
2nd Person/ Singular	Sina	ilmud	ilmusid	oled ilmunud
3rd Person/ Singular	Tema	ilmub	ilmus	on ilmunud
1st Person/ Plural	Meie	ilmume	ilmusime	oleme ilmunud
2nd Person/ Plural	Teie	ilmute	ilmusite	olete ilmunud
3rd Person/ Plural	Nemad	ilmuvad	ilmusid	on ilmunud

5. To ask - küsima (KEW-seh-mah)

They asked how you were doing. = Nad küsisid kuidas sul läheb.

I asked her number. = Ma küsisin ta telefoninumbrit.

How do you ask directions? = Kuidas sa juhiseid küsid?

Indicative Mood, Active Voice		Present Tense	Imperfect Tense	Perfect Tense
1st Person/ Singular	Mina	küsin	küsisin	olen küsinud
2nd Person/ Singular	Sina	küsid	küsisid	oled küsinud
3rd Person/ Singular	Tema	küsib	küsis	on küsinud
1st Person/ Plural	Meie	küsime	küsisime	oleme küsinud
2nd Person/ Plural	Teie	küsite	küsisite	olete küsinud
3rd Person/ Plural	Nemad	küsivad	küsisid	on küsinud

6. To be - olema (OH-leh-mah)

They have been extremely hard working. = Nad on olnud äärmiselt töökad.

He/She will be home tomorrow. = Ta on homme kodus.

Hi, I am Sofie. = Tere, mina olen Sofie.

Indicative Mood, Active Voice		Present Tense	Imperfect Tense	Perfect Tense
1st Person/ Singular	Mina	olen	olin	olen olnud
2nd Person/ Singular	Sina	oled	olid	oled olnud
3rd Person/ Singular	Tema	on	oli	on olnud
1st Person/ Plural	Meie	oleme	olime	oleme olnud
2nd Person/ Plural	Teie	olete	olite	olete olnud
3rd Person/ Plural	Nemad	on	olid	on olnud

7. To be able to - võimeline olema (VEW-meh-lee-neh OH-leh-mah)

I am able to complete that task. = Ma olen võimeline selle ülesande lõpetama.

They are able to help you. = Nad on võimelised sind aitama.

Indicative Mood, Active Voice		Present Tense	Imperfect Tense	Perfect Tense
1st Person/ Singular	Mina	olen võimeline	olin võimeline	olen olnud võimeline
2nd Person/ Singular	Sina	oled võimeline	olid võimeline	oled olnud võimeline
3rd Person/ Singular	Tema	on võimeline	oli võimeline	on olnud võimeline
1st Person/ Plural	Meie	oleme võimelised	olime võimelised	oleme olnud võimelised
2nd Person/ Plural	Teie	olete võimelised	olite võimelised	olete olnud võimelised
3rd Person/ Plural	Nemad	on võimelised	olid võimelised	on olnud võimelised

8. To become - saama (SAAAH-mah)

They have become grown-ups. = Nad on täiskasvanuks saanud.

I will become a doctor when I grow up. = Ma saan arstiks kui ma suureks saan.

Indicative Mood, Active Voice		Present Tense	Imperfect Tense	Perfect Tense
1st Person/ Singular	Mina	saan	sain	olen saanud
2nd Person/ Singular	Sina	saad	said	oled saanud
3rd Person/ Singular	Tema	saab	sai	on saanud
1st Person/ Plural	Meie	saame	saime	oleme saanud
2nd Person/ Plural	Teie	saate	saite	olete saanud
3rd Person/ Plural	Nemad	saavad	said	on saanud

9. To begin - alustama (AAH-loos-tah-mah)

We have begun the lesson. = Me oleme tunniga alustanud.

Jonas will begin reading the book. = Jonas alustab raamatu lugemist.

I have begun the journey. = Ma olen teekonda alustanud.

Indicative Mood, Active Voice		Present Tense	Imperfect Tense	Perfect Tense
1st Person/ Singular	Mina	alustan	alustasin	olen alustanud
2nd Person/ Singular	Sina	alustad	alustasid	oled alustanud
3rd Person/ Singular	Tema	alustab	alustas	on alustanud
1st Person/ Plural	Meie	alustame	alustasime	oleme alustanud
2nd Person/ Plural	Teie	alustate	alustasite	olete alustanud
3rd Person/ Plural	Nemad	alustavad	alustasid	on alustanud

10. To break - lõhkuma (LEWH-koow-mah)

Did you break the phone? = Kas sina lõhkusid telefoni?

You broke my favourite cup! = Teie lõhkusite minu lemmikkruusi!

Indicative Mood, Active Voice		Present Tense	Imperfect Tense	Perfect Tense
1st Person/ Singular	Mina	lõhun	lõhkusin	olen lõhkunud
2nd Person/ Singular	Sina	lõhud	lõhkusid	oled lõhkunud
3rd Person/ Singular	Tema	lõhub	lõhkus	on lõhkunud
1st Person/ Plural	Meie	lõhume	lõhkusime	oleme lõhkunud
2nd Person/ Plural	Teie	lõhute	lõhkusite	olete lõhkunud
3rd Person/ Plural	Nemad	lõhuvad	lõhkusid	on lõhkunud

11. To breathe - hingama (HEEHN-gah-mah)

They have breathed the air. = Nad on seda õhku hinganud.

Are you breathing? = Kas sa hingad?

Indicative Mood, Active Voice		Present Tense	Imperfect Tense	Perfect Tense
1st Person/ Singular	Mina	hingan	hingasin	olen hinganud
2nd Person/ Singular	Sina	hingad	hingasid	oled hinganud
3rd Person/ Singular	Tema	hingab	hingas	on hinganud
1st Person/ Plural	Meie	hingame	hingasime	oleme hinganud
2nd Person/ Plural	Teie	hingate	hingasite	olete hinganud
3rd Person/ Plural	Nemad	hingavad	hingasid	on hinganud

12. To buy - ostma (OHST-mah)

We will buy you a new car. = Me ostame sulle uue auto.

Have you bought the new iPhone yet? = Kas sa oled uue iPhone'i juba ostnud?

I bought a carton of milk. = Ma ostsin paki piima.

Indicative Mood, Active Voice		Present Tense	Imperfect Tense	Perfect Tense
1st Person/ Singular	Mina	ostan	ostsin	olen ostnud
2nd Person/ Singular	Sina	ostad	ostsid	oled ostnud
3rd Person/ Singular	Tema	ostab	ostis	on ostnud
1st Person/ Plural	Meie	ostame	ostsime	oleme ostnud
2nd Person/ Plural	Teie	ostate	ostsite	olete ostnud
3rd Person/ Plural	Nemad	ostavad	ostsid	on ostnud

13. To call (using the phone) - helistama (HEH-lees-tah-mah)

Have you already called them? = Olete te neile juba helistanud?

I am calling to my friend Lisa. = Ma helistan oma sõbrale Lisale.

Laura will call this number tomorrow. = Laura helistab sellel numbril homme.

Indicative Mood, Active Voice		Present Tense	Imperfect Tense	Perfect Tense
1st Person/ Singular	Mina	helistan	helistasin	olen helistanud
2nd Person/ Singular	Sina	helistad	helistasid	oled helistanud
3rd Person/ Singular	Tema	helistab	helistas	on helistanud
1st Person/ Plural	Meie	helistame	helistasime	oleme helistanud
2nd Person/ Plural	Teie	helistate	helistasite	olete helistanud
3rd Person/ Plural	Nemad	helistavad	helistasid	on helistanud

14. To can - suutma (SOOT-mah)

You can do it! = Te suudate seda teha!

We could do so much charity. = Me suutsime teha nii palju heategevust.

I can do twenty push-ups. = Ma suudan teha kakskümmend kätekõverdust.

Indicative Mood, Active Voice		Present Tense	Imperfect Tense	Perfect Tense
1st Person/ Singular	Mina	suudan	suutsin	olen suutnud
2nd Person/ Singular	Sina	suudad	suutsid	oled suutnud
3rd Person/ Singular	Tema	suudab	suutis	on suutnud
1st Person/ Plural	Meie	suudame	suutsime	oleme suutnud
2nd Person/ Plural	Teie	suudate	suutsite	olete suutnud
3rd Person/ Plural	Nemad	suudavad	suutsid	on suutnud

15. To choose - valima (VAH-lee-mah)

They have chosen their president. = Nad on oma presidendi valinud.

You chose the wrong man. = Te valisite vale mehe.

I will choose one burger and a dessert. = Ma valin ühe burgeri ja magustoidu.

Indicative Mood, Active Voice		Present Tense	Imperfect Tense	Perfect Tense
1st Person/ Singular	Mina	valin	valisin	olen valinud
2nd Person/ Singular	Sina	valid	valisid	oled valinud
3rd Person/ Singular	Tema	valib	valis	on valinud
1st Person/ Plural	Meie	valime	valisime	oleme valinud
2nd Person/ Plural	Teie	valite	valisite	olete valinud
3rd Person/ Plural	Nemad	valivad	valisid	on valinud

16. To close - sulgema (SOOL-geh-mah)

The shop will close its door tomorrow. = Pood sulgeb homme uksed.

I have closed my eyes. = Ma olen oma silmad sulgenud.

Have you closed the gate? = Kas sa oled värava sulgenud?

Indicative Mood, Active Voice		Present Tense	Imperfect Tense	Perfect Tense
1st Person/ Singular	Mina	sulgen	sulgesin	olen sulgenud
2nd Person/ Singular	Sina	sulged	sulgesid	oled sulgenud
3rd Person/ Singular	Tema	sulgeb	sulges	on sulgenud
1st Person/ Plural	Meie	sulgeme	sulgesime	oleme sulgenud
2nd Person/ Plural	Teie	sulgete	sulgesite	olete sulgenud
3rd Person/ Plural	Nemad	sulgevad	sulgesid	on sulgenud

17. To come - tulema (TOO-leh-mah)

Adam will come to follow you. = Adam tuleb sulle järgi.

We have come from faraway land. = Me oleme tulnud kaugelt maalt.

I came home yesterday. = Ma tulin eile koju.

Indicative Mood, Active Voice		Present Tense	Imperfect Tense	Perfect Tense
1st Person/ Singular	Mina	tulen	tulin	olen tulnud
2nd Person/ Singular	Sina	tuled	tulid	oled tulnud
3rd Person/ Singular	Tema	tuleb	tuli	on tulnud
1st Person/ Plural	Meie	tuleme	tulime	oleme tulnud
2nd Person/ Plural	Teie	tulete	tulite	olete tulnud
3rd Person/ Plural	Nemad	tulevad	tulid	on tulnud

18. To cook - küpsetama (KEWP-seh-tah-mah)

They are cooking a tasty pie. = Nad küpsetavad maitsva piruka.

Are you cooking something? = Kas sa küpsetad midagi?

I will cook some meat for you. = Ma küpsetan sulle natuke liha.

Indicative Mood, Active Voice		Present Tense	Imperfect Tense	Perfect Tense
1st Person/ Singular	Mina	küpsetan	küpsetasin	olen küpsetanud
2nd Person/ Singular	Sina	küpsetad	küpsetasid	oled küpsetanud
3rd Person/ Singular	Tema	küpsetab	küpsetas	on küpsetanud
1st Person/ Plural	Meie	küpsetame	küpsetasime	oleme küpsetanud
2nd Person/ Plural	Teie	küpsetate	küpsetasite	olete küpsetanud
3rd Person/ Plural	Nemad	küpsetavad	küpsetasid	on küpsetanud

19. To cry - nutma (NOOT-mah)

I have been crying. = Ma olen nutnud.

The baby will cry if you leave her alone. = Beebi nutab kui sa ta üksi jätad.

Did you cry? = Kas sa nutsid?

Indicative Mood, Active Voice		Present Tense	Imperfect Tense	Perfect Tense
1st Person/ Singular	Mina	nutan	nutsin	olen nutnud
2nd Person/ Singular	Sina	nutad	nutsid	oled nutnud
3rd Person/ Singular	Tema	nutab	nuttis	on nutnud
1st Person/ Plural	Meie	nutame	nutsime	oleme nutnud
2nd Person/ Plural	Teie	nutate	nutsite	olete nutnud
3rd Person/ Plural	Nemad	nutavad	nutsid	on nutnud

20. To dance - tantsima (TAHN-tsy-mah)

You have been dancing several years together. = Te olete mitu aastat koos tantsinud.

You were dancing with my friend. = Sa tantsisid minu sõbraga.

I was dancing on my own. = Ma tantsisin omaette.

Indicative Mood, Active Voice		Present Tense	Imperfect Tense	Perfect Tense
1st Person/ Singular	Mina	tantsin	tantsisin	olen tantsinud
2nd Person/ Singular	Sina	tantsid	tantsisid	oled tantsinud
3rd Person/ Singular	Tema	tantsib	tantsis	on tantsinud
1st Person/ Plural	Meie	tantsime	tantsisime	oleme tantsinud
2nd Person/ Plural	Teie	tantsite	tantsisite	olete tantsinud
3rd Person/ Plural	Nemad	tantsivad	tantsisid	on tantsinud

21. To decide - otsustama (OHT-suhs-tah-mah)

Tom decided to quit. = Tom otsustas lõpetada.

We have decided to take part. = Me oleme otsustanud osaleda.

Have you decided what you are going to do? = Kas sa oled otsustanud, mida sa teed?

Indicative Mood, Active Voice		Present Tense	Imperfect Tense	Perfect Tense
1st Person/ Singular	Mina	otsustan	otsustasin	olen otsustanud
2nd Person/ Singular	Sina	otsustad	otsustasid	oled otsustanud
3rd Person/ Singular	Tema	otsustab	otsustas	on otsustanud
1st Person/ Plural	Meie	otsustame	otsustasime	oleme otsustanud
2nd Person/ Plural	Teie	otsustate	otsustasite	olete otsustanud
3rd Person/ Plural	Nemad	otsustavad	otsustasid	on otsustanud

22. To decrease - vähendama (VA-hehn-dah-mah)

They have decreased the price of the apples. = Nad on õunade hinda vähendanud.

I decreased the size of the image. = Ma vähendasin pildi suurust.

Indicative Mood, Active Voice		Present Tense	Imperfect Tense	Perfect Tense
1st Person/ Singular	Mina	vähendan	vähendasin	olen vähendanud
2nd Person/ Singular	Sina	vähendad	vähendasid	oled vähendanud
3rd Person/ Singular	Tema	vähendab	vähendas	on vähendanud
1st Person/ Plural	Meie	vähendame	vähendasime	oleme vähendanud
2nd Person/ Plural	Teie	vähendate	vähendasite	olete vähendanud
3rd Person/ Plural	Nemad	vähendavad	vähendasid	on vähendanud

23. To die - surema (SOO-reh-mah)

They died long time ago. = Nad surid ammu.

We will all die one day. = Me kõik sureme ühel päeval.

My goldfish died yesterday. = Eile suri mu kuldkala.

Indicative Mood, Active Voice		Present Tense	Imperfect Tense	Perfect Tense
1st Person/ Singular	Mina	suren	surin	olen surnud
2nd Person/ Singular	Sina	sured	surid	oled surnud
3rd Person/ Singular	Tema	sureb	suri	on surnud
1st Person/ Plural	Meie	sureme	surime	oleme surnud
2nd Person/ Plural	Teie	surete	surite	olete surnud
3rd Person/ Plural	Nemad	surevad	surid	on surnud

24. To do - tegema (TEH-geh-mah)

You were doing him a favour. = Sa tegid talle teene.

They are doing the job. = Nemad teevad seda tööd.

I have done some planning. = Ma olen plaane teinud.

Indicative Mood, Active Voice		Present Tense	Imperfect Tense	Perfect Tense
1st Person/ Singular	Mina	teen	tegin	olen teinud
2nd Person/ Singular	Sina	teed	tegid	oled teinud
3rd Person/ Singular	Tema	teeb	tegi	on teinud
1st Person/ Plural	Meie	teeme	tegime	oleme teinud
2nd Person/ Plural	Teie	teete	tegite	olete teinud
3rd Person/ Plural	Nemad	teevad	tegid	on teinud

25. To drink - jooma (YOOH-mah)

Have you been drinking? = Kas te olete joonud?

She drank some milk. = Ta jõi veidi piima.

I drink coffee with some milk in it. = Ma joon kohvi natukese piimaga.

Indicative Mood, Active Voice		Present Tense	Imperfect Tense	Perfect Tense
1st Person/ Singular	Mina	joon	jõin	olen joonud
2nd Person/ Singular	Sina	jood	jõid	oled joonud
3rd Person/ Singular	Tema	joob	jõi	on joonud
1st Person/ Plural	Meie	joome	jõime	oleme joonud
2nd Person/ Plural	Teie	joote	jõite	olete joonud
3rd Person/ Plural	Nemad	joovad	jõid	on joonud

26. To drive - sõitma (SY-eet-mah)

You have been driving for a while now. = Sina oled juba mõnda aega sõitnud.

I am driving home. = Ma sõidan koju.

We have been driving on the highway for hours. = Me oleme magistraalil tunde sõitnud.

Indicative Mood, Active Voice		Present Tense	Imperfect Tense	Perfect Tense
1st Person/ Singular	Mina	sõidan	sõitsin	olen sõitnud
2nd Person/ Singular	Sina	sõidad	sõitsid	oled sõitnud
3rd Person/ Singular	Tema	sõidab	sõitis	on sõitnud
1st Person/ Plural	Meie	sõidame	sõitsime	oleme sõitnud
2nd Person/ Plural	Teie	sõidate	sõitsite	olete sõitnud
3rd Person/ Plural	Nemad	sõidavad	sõitsid	on sõitnud

27. To eat - sööma (SERR-mah)

Do you eat fish? = Kas sa kala sööd?

They ate everything. = Nad sõid kõik ära.

I will eat some porridge. = Ma söön natuke putru.

Indicative Mood, Active Voice		Present Tense	Imperfect Tense	Perfect Tense
1st Person/ Singular	Mina	söön	sõin	olen söönud
2nd Person/ Singular	Sina	sööd	sõid	oled söönud
3rd Person/ Singular	Tema	sööb	sõi	on söönud
1st Person/ Plural	Meie	sööme	sõime	oleme söönud
2nd Person/ Plural	Teie	sööte	sõite	olete söönud
3rd Person/ Plural	Nemad	söövad	sõid	on söönud

28. To enter - sisenema (SEE-seh-neh-mah)

The girl entered the house. = Tüdruk sisenes majja.

We have entered the plane. = Me oleme lennukisse sisenenud.

Will you enter? = Kas sa sisened?

Indicative Mood, Active Voice		Present Tense	Imperfect Tense	Perfect Tense
1st Person/ Singular	Mina	sisenen	sisenesin	olen sisenenud
2nd Person/ Singular	Sina	sisened	sisenesid	oled sisenenud
3rd Person/ Singular	Tema	siseneb	sisenes	on sisenenud
1st Person/ Plural	Meie	siseneme	sisenesime	oleme sisenenud
2nd Person/ Plural	Teie	sisenete	sisenesite	olete sisenenud
3rd Person/ Plural	Nemad	sisenevad	sisenesid	on sisenenud

29. To exit - väljuma (VAA-lyoo-mah)

Sofie will exit at the bus stop. = Sofie väljub bussipeatuses.

I will exit here. = Ma väljun siin.

We have exited the classroom. = Me oleme klassiruumist väljunud.

Indicative Mood, Active Voice		Present Tense	Imperfect Tense	Perfect Tense
1st Person/ Singular	Mina	väljun	väljusin	olen väljunud
2nd Person/ Singular	Sina	väljud	väljusid	oled väljunud
3rd Person/ Singular	Tema	väljub	väljus	on väljunud
1st Person/ Plural	Meie	väljume	väljusime	oleme väljunud
2nd Person/ Plural	Teie	väljute	väljusite	olete väljunud
3rd Person/ Plural	Nemad	väljuvad	väljusid	on väljunud

30. To explain - selgitama (SEHL-gee-tah-mah)

The teacher explained the task. = Õpetaja selgitas ülesannet.

You have explained every detail. = Te olete selgitanud iga üksikasja.

I will explain. = Ma selgitan.

Indicative Mood, Active Voice		Present Tense	Imperfect Tense	Perfect Tense
1st Person/ Singular	Mina	selgitan	selgitasin	olen selgitanud
2nd Person/ Singular	Sina	selgitad	selgitasid	oled selgitanud
3rd Person/ Singular	Tema	selgitab	selgitas	on selgitanud
1st Person/ Plural	Meie	selgitame	selgitasime	oleme selgitanud
2nd Person/ Plural	Teie	selgitate	selgitasite	olete selgitanud
3rd Person/ Plural	Nemad	selgitavad	selgitasid	on selgitanud

31. To fall - kukkuma (KOO-koo-mah)

I have fell several times. = Ma olen kukkunud mitu korda.

Be careful, you will fall! = Ole ettevaatlik, sa kukud!

I will fall when I am not careful. = Ma kukun kui ma pole ettevaatlik.

Indicative Mood, Active Voice		Present Tense	Imperfect Tense	Perfect Tense
1st Person/ Singular	Mina	kukun	kukkusin	olen kukkunud
2nd Person/ Singular	Sina	kukud	kukkusid	oled kukkunud
3rd Person/ Singular	Tema	kukub	kukkus	on kukkunud
1st Person/ Plural	Meie	kukume	kukkusime	oleme kukkunud
2nd Person/ Plural	Teie	kukute	kukkusite	olete kukkunud
3rd Person/ Plural	Nemad	kukuvad	kukkusid	on kukkunud

32. To feel - tundma (TOOND-mah)

We felt the light breeze. = Me tundsime õrna tuulehoogu.

I feel lonely. = Ma tunnen end üksildasena.

Can you feel anything? = Kas sa tunned midagi?

Indicative Mood, Active Voice		Present Tense	Imperfect Tense	Perfect Tense
1st Person/ Singular	Mina	tunnen	tundsin	olen tundnud
2nd Person/ Singular	Sina	tunned	tundsid	oled tundnud
3rd Person/ Singular	Tema	tunneb	tundis	on tundnud
1st Person/ Plural	Meie	tunneme	tundsime	oleme tundnud
2nd Person/ Plural	Teie	tunnete	tundsite	olete tundnud
3rd Person/ Plural	Nemad	tunnevad	tundsid	on tundnud

33. To fight - võitlema (VY-hit-leh-mah)

They have fought for their freedom. = Nad on enda vabaduse eest võidelnud.

He fought in that war. = Ta võitles selles sõjas.

I will fight for my right. = Ma võitlen oma õiguse eest.

Indicative Mood, Active Voice		Present Tense	Imperfect Tense	Perfect Tense
1st Person/ Singular	Mina	võitlen	võitlesin	olen võidelnud
2nd Person/ Singular	Sina	võitled	võitlesid	oled võidelnud
3rd Person/ Singular	Tema	võitleb	võitles	on võidelnud
1st Person/ Plural	Meie	võitleme	võitlesime	oleme võidelnud
2nd Person/ Plural	Teie	võitlete	võitlesite	olete võidelnud
3rd Person/ Plural	Nemad	võitlevad	võitlesid	on võidelnud

34. To find - leidma (LEID-mah)

I find that topic interesting. = Ma leian, et see teema on huvitav.

Have you found a fortune? = Kas te olete varaduse leidnud?

We will find the solution. = Me leiame lahenduse.

Indicative Mood, Active Voice		Present Tense	Imperfect Tense	Perfect Tense
1st Person/ Singular	Mina	leian	leidsin	olen leidnud
2nd Person/ Singular	Sina	leiad	leidsid	oled leidnud
3rd Person/ Singular	Tema	leiab	leidis	on leidnud
1st Person/ Plural	Meie	leiame	leidsime	oleme leidnud
2nd Person/ Plural	Teie	leiate	leidsite	olete leidnud
3rd Person/ Plural	Nemad	leiavad	leidsid	on leidnud

35. To finish - lõpetama (LY-peh-tah-mah)

We will finish that argument. = Me lõpetame selle vaidluse.

Has he finished the job? = Kas ta on töö lõpetanud?

I have finished writing the letter. = Ma olen kirja kirjutamise lõpetanud.

Indicative Mood, Active Voice		Present Tense	Imperfect Tense	Perfect Tense
1st Person/ Singular	Mina	lõpetan	lõpetasin	olen lõpetanud
2nd Person/ Singular	Sina	lõpetad	lõpetasid	oled lõpetanud
3rd Person/ Singular	Tema	lõpetab	lõpetas	on lõpetanud
1st Person/ Plural	Meie	lõpetame	lõpetasime	oleme lõpetanud
2nd Person/ Plural	Teie	lõpetate	lõpetasite	olete lõpetanud
3rd Person/ Plural	Nemad	lõpetavad	lõpetasid	on lõpetanud

36. To fly - lendama (LEHN-dah-mah)

The bird is flying high in the sky. = Lind lendab kõrgel taevas.

Have you ever flown a plane? = Kas sa oled kunagi lennukiga lennanud?

Indicative Mood, Active Voice		Present Tense	Imperfect Tense	Perfect Tense
1st Person/ Singular	Mina	lendan	lendasin	olen lennanud
2nd Person/ Singular	Sina	lendad	lendasid	oled lennanud
3rd Person/ Singular	Tema	lendab	lendas	on lennanud
1st Person/ Plural	Meie	lendame	lendasime	oleme lennanud
2nd Person/ Plural	Teie	lendate	lendasite	olete lennanud
3rd Person/ Plural	Nemad	lendavad	lendasid	on lennanud

37. To forget - unustama (UH-noos-tah-mah)

We have forgotten to add salt! = Me oleme unustanud soola lisada!

You forgot your keys on the table. = Sa unustasid oma võtmed lauale.

Write it down or I will forget. = Kirjuta see üles või ma unustan.

Indicative Mood, Active Voice		Present Tense	Imperfect Tense	Perfect Tense
1st Person/ Singular	Mina	unustan	unustasin	olen unustanud
2nd Person/ Singular	Sina	unustad	unustasid	oled unustanud
3rd Person/ Singular	Tema	unustab	unustas	on unustanud
1st Person/ Plural	Meie	unustame	unustasime	oleme unustanud
2nd Person/ Plural	Teie	unustate	unustasite	olete unustanud
3rd Person/ Plural	Nemad	unustavad	unustasid	on unustanud

38. To get up - üles tõusma (EW-lehs TEWS-mah)

Have you got up yet? = Kas sa oled juba üles tõusnud?

They will get up tomorrow morning. = Nad tõusevad üles homme hommikul.

I will get up now. = Ma tõusen nüüd üles.

Indicative Mood, Active Voice		Present Tense	Imperfect Tense	Perfect Tense
1st Person/ Singular	Mina	tõusen üles	tõusin üles	olen üles tõusnud
2nd Person/ Singular	Sina	tõused üles	tõusid üles	oled üles tõusnud
3rd Person/ Singular	Tema	tõuseb üles	tõusis üles	on üles tõusnud
1st Person/ Plural	Meie	tõuseme üles	tõusime üles	oleme üles tõusnud
2nd Person/ Plural	Teie	tõusete üles	tõusite üles	olete üles tõusnud
3rd Person/ Plural	Nemad	tõusevad üles	tõusid üles	on üles tõusnud

39. To give - andma (AHND-mah)

I gave her my phone number. = Ma andsin talle oma telefoninumbri.

We have given them many things. = Me oleme neile andnud palju asju.

They gave you some apples. = Nad andsid teile mõned õunad.

Indicative Mood, Active Voice		Present Tense	Imperfect Tense	Perfect Tense
1st Person/ Singular	Mina	annan	andsin	olen andnud
2nd Person/ Singular	Sina	annad	andsid	oled andnud
3rd Person/ Singular	Tema	annab	andis	on andnud
1st Person/ Plural	Meie	anname	andsime	oleme andnud
2nd Person/ Plural	Teie	annate	andsite	olete andnud
3rd Person/ Plural	Nemad	annavad	andsid	on andnud

40. To go - minema (MEE-neh-mah)

I will go when you go. = Mina lähen kui sina lähed.

My parents will go to cinema. = Minu vanemad lähevad kinno.

Have you gone out yet? = Kas te olete juba välja läinud?

Indicative Mood, Active Voice	Present Tense	Imperfect Tense	Perfect Tense
1st Person/ Singular	Mina	lähen	läksin	olen läinud
2nd Person/ Singular	Sina	lähed	läksid	oled läinud
3rd Person/ Singular	Tema	läheb	läks	on läinud
1st Person/ Plural	Meie	läheme	läksime	oleme läinud
2nd Person/ Plural	Teie	lähete	läksite	olete läinud
3rd Person/ Plural	Nemad	lähevad	läksid	on läinud

41. To happen - juhtuma (YOOH-tuh-mah)

I happened to be there. = Mina juhtusin seal olema.

Does it happen often? = Kas seda juhtub sageli?

It has happened several times. = See on mitu korda juhtunud.

Indicative Mood, Active Voice		Present Tense	Imperfect Tense	Perfect Tense
1st Person/ Singular	Mina	juhtun	juhtusin	olen juhtunud
2nd Person/ Singular	Sina	juhtud	juhtusid	oled juhtunud
3rd Person/ Singular	Tema	juhtub	juhtus	on juhtunud
1st Person/ Plural	Meie	juhtume	juhtusime	oleme juhtunud
2nd Person/ Plural	Teie	juhtute	juhtusite	olete juhtunud
3rd Person/ Plural	Nemad	juhtuvad	juhtusid	on juhtunud

42. To have - olema (OH-leh-mah)

Does he have a car? = Kas tal on auto?

They have been very fast. = Nad on olnud väga kiired.

I have a blue pen. = Mul on sinine pastakas.

Indicative Mood, Active Voice		Present Tense	Imperfect Tense	Perfect Tense
1st Person/ Singular	M(in)ul	on	oli	on olnud
2nd Person/ Singular	S(in)ul	on	oli	on olnud
3rd Person/ Singular	T(em)al	on	oli	on olnud
1st Person/ Plural	Meil	on	oli	on olnud
2nd Person/ Plural	Teil	on	oli	on olnud
3rd Person/ Plural	Neil	on	oli	on olnud

43. To hear - kuulma (KOOL-mah)

We have heard the news. = Me oleme uudiseid kuulnud.

Can you hear someone singing? = Kas sa kedagi laulmas kuuled?

Indicative Mood, Active Voice		Present Tense	Imperfect Tense	Perfect Tense
1st Person/ Singular	Mina	kuulen	kuulsin	olen kuulnud
2nd Person/ Singular	Sina	kuuled	kuulsid	oled kuulnud
3rd Person/ Singular	Tema	kuuleb	kuulis	on kuulnud
1st Person/ Plural	Meie	kuuleme	kuulsime	oleme kuulnud
2nd Person/ Plural	Teie	kuulete	kuulsite	olete kuulnud
3rd Person/ Plural	Nemad	kuulevad	kuulsid	on kuulnud

44. To help - aitama (AIH-tah-mah)

We are helping the homeless people. = Me aitame kodutuid inimesi.

They will help you. = Nad aitavad sind.

I have helped many. = Ma olen paljusid aidanud.

Indicative Mood, Active Voice		Present Tense	Imperfect Tense	Perfect Tense
1st Person/ Singular	Mina	aitan	aitasin	olen aidanud
2nd Person/ Singular	Sina	aitad	aitasid	oled aidanud
3rd Person/ Singular	Tema	aitab	aitas	on aidanud
1st Person/ Plural	Meie	aitame	aitasime	oleme aidanud
2nd Person/ Plural	Teie	aitate	aitasite	olete aidanud
3rd Person/ Plural	Nemad	aitavad	aitasid	on aidanud

45. To hold - hoidma (HO-eed-mah)

I was holding her handbag. = Ma hoidsin ta käekotti.

Mother was holding the child's hand. = Ema hoidis lapse kätt.

Indicative Mood, Active Voice		Present Tense	Imperfect Tense	Perfect Tense
1st Person/ Singular	Mina	hoian	hoidsin	olen hoidnud
2nd Person/ Singular	Sina	hoiad	hoidsid	oled hoidnud
3rd Person/ Singular	Tema	hoiab	hoidis	on hoidnud
1st Person/ Plural	Meie	hoiame	hoidsime	oleme hoidnud
2nd Person/ Plural	Teie	hoiate	hoidsite	olete hoidnud
3rd Person/ Plural	Nemad	hoiavad	hoidsid	on hoidnud

46. To increase - suurendama (SOO-rehn-dah-mah)

We have increased our incomes. = Meie oleme suurendanud oma sissetulekuid.

It will increase your profit. = See suurendab su kasumit.

Indicative Mood, Active Voice		Present Tense	Imperfect Tense	Perfect Tense
1st Person/ Singular	Mina	suurendan	suurendasin	olen suurendanud
2nd Person/ Singular	Sina	suurendad	suurendasid	oled suurendanud
3rd Person/ Singular	Tema	suurendab	suurendas	on suurendanud
1st Person/ Plural	Meie	suurendame	suurendasime	oleme suurendanud
2nd Person/ Plural	Teie	suurendate	suurendasite	olete suurendanud
3rd Person/ Plural	Nemad	suurendavad	suurendasid	on suurendanud

47. To introduce - tutvustama (TOOT-voos-tah-mah)

Tom introduced his fiancee. = Tom tutvustas oma kihlatut.

I have introduced them to each other. = Ma olen neid teineteisele tutvustanud.

Indicative Mood, Active Voice		Present Tense	Imperfect Tense	Perfect Tense
1st Person/ Singular	Mina	tutvustan	tutvustasin	olen tutvustanud
2nd Person/ Singular	Sina	tutvustad	tutvustasid	oled tutvustanud
3rd Person/ Singular	Tema	tutvustab	tutvustas	on tutvustanud
1st Person/ Plural	Meie	tutvustame	tutvustasime	oleme tutvustanud
2nd Person/ Plural	Teie	tutvustate	tutvustasite	olete tutvustanud
3rd Person/ Plural	Nemad	tutvustavad	tutvustasid	on tutvustanud

48. To invite - kutsuma (KOOT-suh-mah)

The prince invited her to the ball. = Prints kutsus ta ballile.

You have invited all your friends here. = Te olete kõik oma sõbrad siia kutsunud.

I will invite you to my party. = Ma kutsun sind enda peole.

Indicative Mood, Active Voice		Present Tense	Imperfect Tense	Perfect Tense
1st Person/ Singular	Mina	kutsun	kutsusin	olen kutsunud
2nd Person/ Singular	Sina	kutsud	kutsusid	oled kutsunud
3rd Person/ Singular	Tema	kutsub	kutsus	on kutsunud
1st Person/ Plural	Meie	kutsume	kutsusime	oleme kutsunud
2nd Person/ Plural	Teie	kutsute	kutsusite	olete kutsunud
3rd Person/ Plural	Nemad	kutsuvad	kutsusid	on kutsunud

49. To kill - tapma (TAP-mah)

They have killed all the flies. = Nad on tapnud kõik kärbsed.

Kennedy was killed by a sniper in 1963. = Snaiper tappis Kennedy 1963. aastal.

Indicative Mood, Active Voice		Present Tense	Imperfect Tense	Perfect Tense
1st Person/ Singular	Mina	tapan	tapsin	olen tapnud
2nd Person/ Singular	Sina	tapad	tapsid	oled tapnud
3rd Person/ Singular	Tema	tapab	tappis	on tapnud
1st Person/ Plural	Meie	tapame	tapsime	oleme tapnud
2nd Person/ Plural	Teie	tapate	tapsite	olete tapnud
3rd Person/ Plural	Nemad	tapavad	tapsid	on tapnud

50. To kiss - suudlema (SOOD-leh-mah)

I kissed a girl. = Ma suudlesin tüdrukut.

They are kissing. = Nad suudlevad.

She will kiss the frog to turn it into a prince. = Ta suudleb konna, et see printsiks muutuks.

Indicative Mood, Active Voice		Present Tense	Imperfect Tense	Perfect Tense
1st Person/ Singular	Mina	suudlen	suudlesin	olen suudelnud
2nd Person/ Singular	Sina	suudled	suudlesid	oled suudelnud
3rd Person/ Singular	Tema	suudleb	suudles	on suudelnud
1st Person/ Plural	Meie	suudleme	suudlesime	oleme suudelnud
2nd Person/ Plural	Teie	suudlete	suudlesite	olete suudelnud
3rd Person/ Plural	Nemad	suudlevad	suudlesid	on suudelnud

51. To know- teadma (TEH-ad-mah)

We have known all the facts. = Me oleme teadnud kõiki fakte.

You know how to do it. = Sa tead kuidas seda teha.

I knew the way out. = Ma teadsin väljapääsu.

Indicative Mood, Active Voice		Present Tense	Imperfect Tense	Perfect Tense
1st Person/ Singular	Mina	tean	teadsin	olen teadnud
2nd Person/ Singular	Sina	tead	teadsid	oled teadnud
3rd Person/ Singular	Tema	teab	teadis	on teadnud
1st Person/ Plural	Meie	teame	teadsime	oleme teadnud
2nd Person/ Plural	Teie	teate	teadsite	olete teadnud
3rd Person/ Plural	Nemad	teavad	teadsid	on teadnud

52. To laugh - naerma (NAH-ehr-mah)

I have been laughing at your jokes. = Ma olen su naljade üle naernud.

You are laughing but it's not a joke. = Teie naerate, aga see pole nali.

We were laughing at you. = Me naersime su üle.

Indicative Mood, Active Voice		Present Tense	Imperfect Tense	Perfect Tense
1st Person/ Singular	Mina	naeran	naersin	olen naernud
2nd Person/ Singular	Sina	naerad	naersid	oled naernud
3rd Person/ Singular	Tema	naerab	naeris	on naernud
1st Person/ Plural	Meie	naerame	naersime	oleme naernud
2nd Person/ Plural	Teie	naerate	naersite	olete naernud
3rd Person/ Plural	Nemad	naeravad	naersid	on naernud

53. To learn - õppima (YP-peh-mah)

They will study Estonian tomorrow. = Nad õpivad homme eesti keelt.

The child is learning to walk. = Laps õpib käima.

I studied Math at school. = Ma õppisin koolis matemaatikat.

Indicative Mood, Active Voice		Present Tense	Imperfect Tense	Perfect Tense
1st Person/ Singular	Mina	õpin	õppisin	olen õppinud
2nd Person/ Singular	Sina	õpid	õppisid	oled õppinud
3rd Person/ Singular	Tema	õpib	õppis	on õppinud
1st Person/ Plural	Meie	õpime	õppisime	oleme õppinud
2nd Person/ Plural	Teie	õpite	õppisite	olete õppinud
3rd Person/ Plural	Nemad	õpivad	õppisid	on õppinud

54. To lie down - lamama (LAH-mah-mah)

We were lying down on the grass. = Me lamasime maas muru peal.

Was the dog lying on the bed? = Kas koer lamas voodil?

Indicative Mood, Active Voice		Present Tense	Imperfect Tense	Perfect Tense
1st Person/ Singular	Mina	laman	lamasin	olen lamanud
2nd Person/ Singular	Sina	lamad	lamasid	oled lamanud
3rd Person/ Singular	Tema	lamab	lamas	on lamanud
1st Person/ Plural	Meie	lamame	lamasime	oleme lamanud
2nd Person/ Plural	Teie	lamate	lamasite	olete lamanud
3rd Person/ Plural	Nemad	lamavad	lamasid	on lamanud

55. To like - meeldima (MEHL-dih-mah)

You liked this song, didn't you? = Sulle meeldis see laul, kas pole?

They will like this house when they see it. = Neile meeldib see maja kui nad seda näevad.

I like that photo. = Mulle meeldib see foto.

Indicative Mood, Active Voice	Present Tense	Imperfect Tense	Perfect Tense
1st Person/ Singular	Mulle meeldib	meeldis	on meeldinud
2nd Person/ Singular	Sulle meeldib	meeldis	on meeldinud
3rd Person/ Singular	Talle meeldib	meeldis	on meeldinud
1st Person/ Plural	Meile meeldib	meeldis	on meeldinud
2nd Person/ Plural	Teile meeldib	meeldis	on meeldinud
3rd Person/ Plural	Neile meeldib	meeldis	on meeldinud

56. To listen - kuulama (KOO-lah-mah)

We have listened to her speech. = Me oleme tema kõnet kuulanud.

You were listening to the radio. = Sa kuulasid raadiot.

I am listening to you. = Ma kuulan sind.

Indicative Mood, Active Voice		Present Tense	Imperfect Tense	Perfect Tense
1st Person/ Singular	Mina	kuulan	kuulasin	olen kuulanud
2nd Person/ Singular	Sina	kuulad	kuulasid	oled kuulanud
3rd Person/ Singular	Tema	kuulab	kuulas	on kuulanud
1st Person/ Plural	Meie	kuulame	kuulasime	oleme kuulanud
2nd Person/ Plural	Teie	kuulate	kuulasite	olete kuulanud
3rd Person/ Plural	Nemad	kuulavad	kuulasid	on kuulanud

57. To live - elama (EH-lah-mah)

I live in Estonia. = Ma elan Eestis.

We have lived in this house for years. = Me oleme aastaid selles majas elanud.

Do you live here? = Kas sa elad siin?

Indicative Mood, Active Voice		Present Tense	Imperfect Tense	Perfect Tense
1st Person/ Singular	Mina	elan	elasin	olen elanud
2nd Person/ Singular	Sina	elad	elasid	oled elanud
3rd Person/ Singular	Tema	elab	elas	on elanud
1st Person/ Plural	Meie	elame	elasime	oleme elanud
2nd Person/ Plural	Teie	elate	elasite	olete elanud
3rd Person/ Plural	Nemad	elavad	elasid	on elanud

58. To lose - kaotama (KAH-oh-tah-mah)

They always lose their keys. = Nad kaotavad alati oma võtmed ära.

You will lose it if you aren't careful. = Sa kaotad selle kui sa pole ettevaatlik.

We lost the game. = Me kaotasime mängu.

Indicative Mood, Active Voice		Present Tense	Imperfect Tense	Perfect Tense
1st Person/ Singular	Mina	kaotan	kaotasin	olen kaotanud
2nd Person/ Singular	Sina	kaotad	kaotasid	oled kaotanud
3rd Person/ Singular	Tema	kaotab	kaotas	on kaotanud
1st Person/ Plural	Meie	kaotame	kaotasime	oleme kaotanud
2nd Person/ Plural	Teie	kaotate	kaotasite	olete kaotanud
3rd Person/ Plural	Nemad	kaotavad	kaotasid	on kaotanud

59. To love - armastama (AHR-mahs-tah-mah)

He loves his family. = Ta armastab oma perekonda.
You love avocado, don't you? = Sa armastad avokaadot, kas pole?

Indicative Mood, Active Voice		Present Tense	Imperfect Tense	Perfect Tense
1st Person/ Singular	Mina	armastan	armastasin	olen armastanud
2nd Person/ Singular	Sina	armastad	armastasid	oled armastanud
3rd Person/ Singular	Tema	armastab	armastas	on armastanud
1st Person/ Plural	Meie	armastame	armastasime	oleme armastanud
2nd Person/ Plural	Teie	armastate	armastasite	olete armastanud
3rd Person/ Plural	Nemad	armastavad	armastasid	on armastanud

60. To meet - kohtuma (KOH-tuh-mah)

We met Tim on our way. = Me kohtusime teel Timiga.

He will meet the director on Monday. = Ta kohtub direktoriga esmaspäeval.

They have met the celebrity at the airport. = Nad on kuulsusega lennujaamas kohtunud.

Indicative Mood, Active Voice		Present Tense	Imperfect Tense	Perfect Tense
1st Person/ Singular	Mina	kohtun	kohtusin	olen kohtunud
2nd Person/ Singular	Sina	kohtud	kohtusid	oled kohtunud
3rd Person/ Singular	Tema	kohtub	kohtus	on kohtunud
1st Person/ Plural	Meie	kohtume	kohtusime	oleme kohtunud
2nd Person/ Plural	Teie	kohtute	kohtusite	olete kohtunud
3rd Person/ Plural	Nemad	kohtuvad	kohtusid	on kohtunud

61. To need - vajama (VAH-yah-mah)

We will need your help tomorrow. = Me vajame homme su abi.

I have needed a lot of money. = Ma olen palju raha vajanud.

They need you here. = Nad vajavad sind siin.

Indicative Mood, Active Voice		Present Tense	Imperfect Tense	Perfect Tense
1st Person/ Singular	Mina	vajan	vajasin	olen vajanud
2nd Person/ Singular	Sina	vajad	vajasid	oled vajanud
3rd Person/ Singular	Tema	vajab	vajas	on vajanud
1st Person/ Plural	Meie	vajame	vajasime	oleme vajanud
2nd Person/ Plural	Teie	vajate	vajasite	olete vajanud
3rd Person/ Plural	Nemad	vajavad	vajasid	on vajanud

62. To notice - märkama (MAR-kah-mah)

Did you notice his smile? = Kas sa märkasid tema naeratust?

Yes, I noticed. = Jah, ma märkasin.

We will notice the traffic sign. = Me märkame liiklusmärki.

Indicative Mood, Active Voice		Present Tense	Imperfect Tense	Perfect Tense
1st Person/ Singular	Mina	märkan	märkasin	olen märganud
2nd Person/ Singular	Sina	märkad	märkasid	oled märganud
3rd Person/ Singular	Tema	märkab	märkas	on märganud
1st Person/ Plural	Meie	märkame	märkasime	oleme märganud
2nd Person/ Plural	Teie	märkate	märkasite	olete märganud
3rd Person/ Plural	Nemad	märkavad	märkasid	on märganud

63. To open - avama (AHV-ah-mah)

Are you opening the shop? = Kas te avate poe?

I have opened the door. = Ma olen ukse avanud.

We opened a restaurant in London. = Me avasime Londonis restorani.

Indicative Mood, Active Voice		Present Tense	Imperfect Tense	Perfect Tense
1st Person/ Singular	Mina	avan	avasin	olen avanud
2nd Person/ Singular	Sina	avad	avasid	oled avanud
3rd Person/ Singular	Tema	avab	avas	on avanud
1st Person/ Plural	Meie	avame	avasime	oleme avanud
2nd Person/ Plural	Teie	avate	avasite	olete avanud
3rd Person/ Plural	Nemad	avavad	avasid	on avanud

64. To play - mängima (MAN-gih-mah)

He played in this band for years. = Ta mängis aastaid selles bändis.

We have played several games. = Me oleme mitmeid mänge mänginud.

I am playing tennis. = Ma mängin tennist.

Indicative Mood, Active Voice		Present Tense	Imperfect Tense	Perfect Tense
1st Person/ Singular	Mina	mängin	mängisin	olen mänginud
2nd Person/ Singular	Sina	mängid	mängisid	oled mänginud
3rd Person/ Singular	Tema	mängib	mängis	on mänginud
1st Person/ Plural	Meie	mängime	mängisime	oleme mänginud
2nd Person/ Plural	Teie	mängite	mängisite	olete mänginud
3rd Person/ Plural	Nemad	mängivad	mängisid	on mänginud

65. To put - panema (PAH-neh-mah)

I will put dinner on the table. = Ma panen õhtusöögi lauale.

He had put the clothes on. = Ta pani riided selga.

They will put it on the side. = Nad panevad selle kõrvale.

Indicative Mood, Active Voice		Present Tense	Imperfect Tense	Perfect Tense
1st Person/ Singular	Mina	panen	panin	olen pannud
2nd Person/ Singular	Sina	paned	panid	oled pannud
3rd Person/ Singular	Tema	paneb	pani	on pannud
1st Person/ Plural	Meie	paneme	panime	oleme pannud
2nd Person/ Plural	Teie	panete	panite	olete pannud
3rd Person/ Plural	Nemad	panevad	panid	on pannud

66. To read - lugema (LOOH-geh-mah)

They have read these books. = Nad on neid raamatuid lugenud.

She is reading my mind. = Ta loeb mu mõtteid.

I am reading the newspaper. = Ma loen ajalehte.

Indicative Mood, Active Voice		Present Tense	Imperfect Tense	Perfect Tense
1st Person/ Singular	Mina	loen	lugesin	olen lugenud
2nd Person/ Singular	Sina	loed	lugesid	oled lugenud
3rd Person/ Singular	Tema	loeb	luges	on lugenud
1st Person/ Plural	Meie	loeme	lugesime	oleme lugenud
2nd Person/ Plural	Teie	loete	lugesite	olete lugenud
3rd Person/ Plural	Nemad	loevad	lugesid	on lugenud

67. To receive - vastu võtma (VAHS-to VEWT-ma)

I have received many gifts. = Ma olen palju kinke vastu võtnud.

They will receive some books. = Nad võtavad vastu mõned raamatud.

Indicative Mood, Active Voice		Present Tense	Imperfect Tense	Perfect Tense
1st Person, Singular	Mina	võtan vastu	võtsin vastu	olen vastu võtnud
2nd Person, Singular	Sina	võtad vastu	võtsid vastu	oled vastu võtnud
3rd Person, Singular	Tema	võtab vastu	võttis vastu	on vastu võtnud
1st Person, Plural	Meie	võtame vastu	võtsime vastu	oleme vastu võtnud
2nd Person, Plural	Teie	võtate vastu	võtsite vastu	olete vastu võtnud
3rd Person, Plural	Nemad	võtavad vastu	võtsid vastu	on vastu võtnud

68. To remember - mäletama (MAH-leh-tah-mah)

Do you remember my name? = Kas sa mäletad mu nime?

We remembered your address. = Me mäletasime su aadressi.

I remember how to get there. = Ma mäletan kuidas sinna jõuda.

Indicative Mood, Active Voice		Present Tense	Imperfect Tense	Perfect Tense
1st Person/ Singular	Mina	mäletan	mäletasin	olen mäletanud
2nd Person/ Singular	Sina	mäletad	mäletasid	oled mäletanud
3rd Person/ Singular	Tema	mäletab	mäletas	on mäletanud
1st Person/ Plural	Meie	mäletame	mäletasime	oleme mäletanud
2nd Person/ Plural	Teie	mäletate	mäletasite	olete mäletanud
3rd Person/ Plural	Nemad	mäletavad	mäletasid	on mäletanud

69. To repeat - kordama (KOHR-dah-mah)

Have you repeated the password? = Kas te kordasite parooli?

I will repeat the sentence once more. = Ma kordan lauset veel ühe korra.

I was repeating after you. = Ma kordasin sinu järgi.

Indicative Mood, Active Voice		Present Tense	Imperfect Tense	Perfect Tense
1st Person/ Singular	Mina	kordan	kordasin	olen korranud
2nd Person/ Singular	Sina	kordad	kordasid	oled korranud
3rd Person/ Singular	Tema	kordab	kordas	on korranud
1st Person/ Plural	Meie	kordame	kordasime	oleme korranud
2nd Person/ Plural	Teie	kordate	kordasite	olete korranud
3rd Person/ Plural	Nemad	kordavad	kordasid	on korranud

70. To return - naasma (NAAAHS-mah) / tagasi tulema (TAG-hah-see TOO-leh-mah)

They returned from a long trip. = Nad naasid pikalt reisilt.

I will return back to work tomorrow. = Ma naasen homme tagasi tööle.

Indicative Mood, Active Voice		Present Tense	Imperfect Tense	Perfect Tense
1st Person/ Singular	Mina	naasen	naasin	olen naasnud
2nd Person/ Singular	Sina	naased	naasid	oled naasnud
3rd Person/ Singular	Tema	naaseb	naasis	on naasnud
1st Person/ Plural	Meie	naaseme	naasime	oleme naasnud
2nd Person/ Plural	Teie	naasete	naasite	olete naasnud
3rd Person/ Plural	Nemad	naasevad	naasid	on naasnud

71. To run - jooksma (YOKS-mah)

Have you ever run a marathon? = Kas sa oled kunagi maratoni jooksnud?

They run fast. = Nad jooksevad kiiresti.

I will run home and back. = Ma jooksen koju ja tagasi.

Indicative Mood, Active Voice		Present Tense	Imperfect Tense	Perfect Tense
1st Person/ Singular	Mina	jooksen	jooksin	olen jooksnud
2nd Person/ Singular	Sina	jooksed	jooksid	oled jooksnud
3rd Person/ Singular	Tema	jookseb	jooksis	on jooksnud
1st Person/ Plural	Meie	jookseme	jooksime	oleme jooksnud
2nd Person/ Plural	Teie	jooksete	jooksite	olete jooksnud
3rd Person/ Plural	Nemad	jooksevad	jooksid	on jooksnud

72. To say - ütlema (EWT-leh-mah)

They have said how its done. = Nad on öelnud kuidas seda tehakse.

You will say when we start. = Sina ütled millal me alustame.

I said many things. = Ma ütlesin palju asju.

Indicative Mood, Active Voice		Present Tense	Imperfect Tense	Perfect Tense
1st Person/ Singular	Mina	ütlen	ütlesin	olen öelnud
2nd Person/ Singular	Sina	ütled	ütlesid	oled öelnud
3rd Person/ Singular	Tema	ütleb	ütles	on öelnud
1st Person/ Plural	Meie	ütleme	ütlesime	oleme öelnud
2nd Person/ Plural	Teie	ütlete	ütlesite	olete öelnud
3rd Person/ Plural	Nemad	ütlevad	ütlesid	on öelnud

73. To scream - karjuma (KAHR-yoh-mah)

We were screaming: "Don't go there!". = Me karjusime: "Ära mine sinna!"

They have been screaming for hours now. = Nad on juba tunde karjunud.

Why were you screaming? = Miks sa karjusid?

Indicative Mood, Active Voice		Present Tense	Imperfect Tense	Perfect Tense
1st Person/ Singular	Mina	karjun	karjusin	olen karjunud
2nd Person/ Singular	Sina	karjud	karjusid	oled karjunud
3rd Person/ Singular	Tema	karjub	karjus	on karjunud
1st Person/ Plural	Meie	karjume	karjusime	oleme karjunud
2nd Person/ Plural	Teie	karjute	karjusite	olete karjunud
3rd Person/ Plural	Nemad	karjuvad	karjusid	on karjunud

74. To see - nägema (NAH-geh-mah)

I will see you next year. = Ma näen sind järgmisel aastal.

He have seen how much time it takes. = Ta on näinud kui kaua aega see võtab.

I can see you. = Ma näen sind.

Indicative Mood, Active Voice		Present Tense	Imperfect Tense	Perfect Tense
1st Person/ Singular	Mina	näen	nägin	olen näinud
2nd Person/ Singular	Sina	näed	nägid	oled näinud
3rd Person/ Singular	Tema	näeb	nägi	on näinud
1st Person/ Plural	Meie	näeme	nägime	oleme näinud
2nd Person/ Plural	Teie	näete	nägite	olete näinud
3rd Person/ Plural	Nemad	näevad	nägid	on näinud

75. To seem - näima (NAIH-mah)

You seem happy. = Sa näid õnnelik.

They seemed to like each other. = Näis, et nad meeldivad üksteisele.

I seem sad but I am not. = Ma näin kurb, kuid ma pole.

Indicative Mood, Active Voice		Present Tense	Imperfect Tense	Perfect Tense
1st Person/ Singular	Mina	näin	näisin	olen näinud
2nd Person/ Singular	Sina	näid	näisid	oled näinud
3rd Person/ Singular	Tema	näib	näis	on näinud
1st Person/ Plural	Meie	näime	näisime	oleme näinud
2nd Person/ Plural	Teie	näite	näisite	olete näinud
3rd Person/ Plural	Nemad	näivad	näisid	on näinud

76. To sell - müüma (MEW-mah)

You have sold a lot of milk. = Sa oled müünud palju piima.

We sell only the best food. = Me müüme vaid parimat toitu.

I will sell fruits on this market. = Ma müün sellel turul puuvilju.

Indicative Mood, Active Voice		Present Tense	Imperfect Tense	Perfect Tense
1st Person/ Singular	Mina	müün	müüsin	olen müünud
2nd Person/ Singular	Sina	müüd	müüsid	oled müünud
3rd Person/ Singular	Tema	müüb	müüs	on müünud
1st Person/ Plural	Meie	müüme	müüsime	oleme müünud
2nd Person/ Plural	Teie	müüte	müüsite	olete müünud
3rd Person/ Plural	Nemad	müüvad	müüsid	on müünud

77. To send - saatma (SAAAHT-mah)

We have sent you several e-mails. = Me oleme teile saatnud mitu e-kirja.

I will send you a parcel. = Ma saadan sulle paki.

Indicative Mood, Active Voice		Present Tense	Imperfect Tense	Perfect Tense
1st Person/ Singular	Mina	saadan	saatsin	olen saatnud
2nd Person/ Singular	Sina	saadad	saatsid	oled saatnud
3rd Person/ Singular	Tema	saadab	saatis	on saatnud
1st Person/ Plural	Meie	saadame	saatsime	oleme saatnud
2nd Person/ Plural	Teie	saadate	saatsite	olete saatnud
3rd Person/ Plural	Nemad	saadavad	saatsid	on saatnud

78. To show - näitama (NAIH-tah-mah)

Have you showed them the dress yet? = Kas sa oled neile kleiti juba näidanud?

Cinema was showing the new movie. = Kino näitas uut filmi.

I will be showing you the house. = Ma näitan teile seda maja.

Indicative Mood, Active Voice		Present Tense	Imperfect Tense	Perfect Tense
1st Person/ Singular	Mina	näitan	näitasin	olen näidanud
2nd Person/ Singular	Sina	näitad	näitasid	oled näidanud
3rd Person/ Singular	Tema	näitab	näitas	on näidanud
1st Person/ Plural	Meie	näitame	näitasime	oleme näidanud
2nd Person/ Plural	Teie	näitate	näitasite	olete näidanud
3rd Person/ Plural	Nemad	näitavad	näitasid	on näidanud

79. To sing - laulma (LAH-ool-mah)

They already sang two songs. = Nad juba laulsid kaks laulu.

I am singing my favourite song. = Ma laulan oma lemmiklaulu.

She has sang the whole time. = Ta on kogu selle aja laulnud.

Indicative Mood, Active Voice		Present Tense	Imperfect Tense	Perfect Tense
1st Person/ Singular	Mina	laulan	laulsin	olen laulnud
2nd Person/ Singular	Sina	laulad	laulsid	oled laulnud
3rd Person/ Singular	Tema	laulab	laulis	on laulnud
1st Person/ Plural	Meie	laulame	laulsime	oleme laulnud
2nd Person/ Plural	Teie	laulate	laulsite	olete laulnud
3rd Person/ Plural	Nemad	laulavad	laulsid	on laulnud

80. To sit down - maha istuma (MAH-hah IHS-tooh-mah)

He sat down for a chat. = Ta istus vestluseks maha.

We sat down to drink tea. = Me istusime maha, et teed juua.

Indicative Mood, Active Voice		Present Tense	Imperfect Tense	Perfect Tense
1st Person/ Singular	Mina	istun maha	istusin maha	olen maha istunud
2nd Person/ Singular	Sina	istud maha	istusid maha	oled maha istunud
3rd Person/ Singular	Tema	istub maha	istus maha	on maha istunud
1st Person/ Plural	Meie	istume maha	istusime maha	oleme maha istunud
2nd Person/ Plural	Teie	istute maha	istusite maha	olete maha istunud
3rd Person/ Plural	Nemad	istuvad maha	istusid maha	on maha istunud

81. To sleep - magama (MAH-gah-mah)

I have slept in. = Ma olen sisse maganud.

The kids are sleeping in their beds. = Lapsed magavad oma voodites.

We will be sleeping in the hotel today. = Me magame täna hotellis.

Indicative Mood, Active Voice		Present Tense	Imperfect Tense	Perfect Tense
1st Person/ Singular	Mina	magan	magasin	olen maganud
2nd Person/ Singular	Sina	magad	magasid	oled maganud
3rd Person/ Singular	Tema	magab	magas	on maganud
1st Person/ Plural	Meie	magame	magasime	oleme maganud
2nd Person/ Plural	Teie	magate	magasite	olete maganud
3rd Person/ Plural	Nemad	magavad	magasid	on maganud

82. To smile - naeratama (NAH-ehr-ah-tah-mah)

We are smiling when we are happy. = Me naeratame kui oleme õnnelikud.

You are pretty when you are smiling. = Sa oled ilus kui sa naeratad.

I will smile when I see you. = Ma naeratan kui sind näen.

Indicative Mood, Active Voice		Present Tense	Imperfect Tense	Perfect Tense
1st Person/ Singular	Mina	naeratan	naeratasin	olen naeratanud
2nd Person/ Singular	Sina	naeratad	naeratasid	oled naeratanud
3rd Person/ Singular	Tema	naeratab	naeratas	on naeratanud
1st Person/ Plural	Meie	naeratame	naeratasime	oleme naeratanud
2nd Person/ Plural	Teie	naeratate	naeratasite	olete naeratanud
3rd Person/ Plural	Nemad	naeratavad	naeratasid	on naeratanud

83. To speak - kõnelema (KY-neh-leh-mah), rääkima (RAA-kih-mah)

Do you speak Estonian? = Kas sa kõneled eesti keelt?

I will speak more slowly. = Ma kõnelen aeglasemalt.

Indicative Mood, Active Voice		Present Tense	Imperfect Tense	Perfect Tense
1st Person/ Singular	Mina	kõnelen	kõnelesin	olen kõnelenud
2nd Person/ Singular	Sina	kõneled	kõnelesid	oled kõnelenud
3rd Person/ Singular	Tema	kõneleb	kõneles	on kõnelenud
1st Person/ Plural	Meie	kõneleme	kõnelesime	oleme kõnelenud
2nd Person/ Plural	Teie	kõnelete	kõnelesite	olete kõnelenud
3rd Person/ Plural	Nemad	kõnelevad	kõnelesid	on kõnelenud

84. To stand - seisma (SAYS-mah)

You are standing in the middle of the room. = Te seisate keset tuba.

Have you been standing here for long? = Kas sa oled siin kaua seisnud?

I am standing on the chair. = Ma seisan tooli peal.

Indicative Mood, Active Voice		Present Tense	Imperfect Tense	Perfect Tense
1st Person/ Singular	Mina	seisan	seisin	olen seisnud
2nd Person/ Singular	Sina	seisad	seisid	oled seisnud
3rd Person/ Singular	Tema	seisab	seisis	on seisnud
1st Person/ Plural	Meie	seisame	seisime	oleme seisnud
2nd Person/ Plural	Teie	seisate	seisite	olete seisnud
3rd Person/ Plural	Nemad	seisavad	seisid	on seisnud

85. To start - hakkama (HAH-kah-mah), alustama

I will start to work there. = Ma hakkan seal tööle.

They have started to eat. = Nad on sööma hakanud.

Have you started doing it? = Kas sa oled seda tegema hakanud?

Indicative Mood, Active Voice		Present Tense	Imperfect Tense	Perfect Tense
1st Person/ Singular	Mina	hakkan	hakkasin	olen hakanud
2nd Person/ Singular	Sina	hakkad	hakkasid	oled hakanud
3rd Person/ Singular	Tema	hakkab	hakkas	on hakanud
1st Person/ Plural	Meie	hakkame	hakkasime	oleme hakanud
2nd Person/ Plural	Teie	hakkate	hakkasite	olete hakanud
3rd Person/ Plural	Nemad	hakkavad	hakkasid	on hakanud

86. To stay - jääma (YAAH-mah)

He stayed here to wait for you. = Ta jäi siia, et sind oodata.

I will stay home today. = Ma jään täna koju.

We have stayed in this country. = Me oleme siia riiki jäänud.

Indicative Mood, Active Voice		Present Tense	Imperfect Tense	Perfect Tense
1st Person/ Singular	Mina	jään	jäin	olen jäänud
2nd Person/ Singular	Sina	jääd	jäid	oled jäänud
3rd Person/ Singular	Tema	jääb	jäi	on jäänud
1st Person/ Plural	Meie	jääme	jäime	oleme jäänud
2nd Person/ Plural	Teie	jääte	jäite	olete jäänud
3rd Person/ Plural	Nemad	jäävad	jäid	on jäänud

87. To take - võtma (VEWT-mah)

She has taken a holiday. = Ta on puhkuse võtnud.

I will take five oranges and two apples. = Ma võtan viis apelsini ja kaks õuna.

Is it taking too much space? = Kas see võtab liiga palju ruumi?

Indicative Mood, Active Voice		Present Tense	Imperfect Tense	Perfect Tense
1st Person/ Singular	Mina	võtan	võtsin	olen võtnud
2nd Person/ Singular	Sina	võtad	võtsid	oled võtnud
3rd Person/ Singular	Tema	võtab	võttis	on võtnud
1st Person/ Plural	Meie	võtame	võtsime	oleme võtnud
2nd Person/ Plural	Teie	võtate	võtsite	olete võtnud
3rd Person/ Plural	Nemad	võtavad	võtsid	on võtnud

88. To talk - rääkima (RAA-kih-mah)

You talk too fast. = Sa räägid liiga kiiresti.

We were talking about it. = Me rääkisime sellest.

I was talking to my friend. = Ma rääkisin oma sõbraga.

Indicative Mood, Active Voice		Present Tense	Imperfect Tense	Perfect Tense
1st Person/ Singular	Mina	räägin	rääkisin	olen rääkinud
2nd Person/ Singular	Sina	räägid	rääkisid	oled rääkinud
3rd Person/ Singular	Tema	räägib	rääkis	on rääkinud
1st Person/ Plural	Meie	räägime	rääkisime	oleme rääkinud
2nd Person/ Plural	Teie	räägite	rääkisite	olete rääkinud
3rd Person/ Plural	Nemad	räägivad	rääkisid	on rääkinud

89. To teach - õpetama (YP-peh-tah-mah)

They teach Estonian here. = Nad õpetavad siin eesti keelt.

I taught Estonian for five years. = Ma õpetasin eesti keelt viis aastat.

Did you teach him these words? = Kas sa õpetasid talle need sõnad?

Indicative Mood, Active Voice		Present Tense	Imperfect Tense	Perfect Tense
1st Person/ Singular	Mina	õpetan	õpetasin	olen õpetanud
2nd Person/ Singular	Sina	õpetad	õpetasid	oled õpetanud
3rd Person/ Singular	Tema	õpetab	õpetas	on õpetanud
1st Person/ Plural	Meie	õpetame	õpetasime	oleme õpetanud
2nd Person/ Plural	Teie	õpetate	õpetasite	olete õpetanud
3rd Person/ Plural	Nemad	õpetavad	õpetasid	on õpetanud

90. To think - mõtlema (MERRT-leh-mah)

I am thinking about you. = Ma mõtlen su peale.

Have you thought how to get there? = Kas sa oled mõelnud kuidas sinna saada?

We have thought this through. = Me oleme selle läbi mõelnud.

Indicative Mood, Active Voice		Present Tense	Imperfect Tense	Perfect Tense
1st Person/ Singular	Mina	mõtlen	mõtlesin	olen mõelnud
2nd Person/ Singular	Sina	mõtled	mõtlesid	oled mõelnud
3rd Person/ Singular	Tema	mõtleb	mõtles	on mõelnud
1st Person/ Plural	Meie	mõtleme	mõtlesime	oleme mõelnud
2nd Person/ Plural	Teie	mõtlete	mõtlesite	olete mõelnud
3rd Person/ Plural	Nemad	mõtlevad	mõtlesid	on mõelnud

91. To touch - puudutama (POO-dooh-tah-mah)

I touched my face. = Ma puudutasin oma nägu.

This song touched my soul. = See laul puudutas mu hinge.

Indicative Mood, Active Voice		Present Tense	Imperfect Tense	Perfect Tense
1st Person/ Singular	Mina	puudutan	puudutasin	olen puudutanud
2nd Person/ Singular	Sina	puudutad	puudutasid	oled puudutanud
3rd Person/ Singular	Tema	puudutab	puudutas	on puudutanud
1st Person/ Plural	Meie	puudutame	puudutasime	oleme puudutanud
2nd Person/ Plural	Teie	puudutate	puudutasite	olete puudutanud
3rd Person/ Plural	Nemad	puudutavad	puudutasid	on puudutanud

92. To travel - reisima (RAY-seh-mah)

You travel quite often. = Te reisite päris sageli.

We have been travelling through Egypt. = Me oleme läbi Egiptuse reisinud.

I will travel with my best friend. = Ma reisin oma parima sõbraga.

Indicative Mood, Active Voice		Present Tense	Imperfect Tense	Perfect Tense
1st Person/ Singular	Mina	reisin	reisisin	olen reisinud
2nd Person/ Singular	Sina	reisid	reisisid	oled reisinud
3rd Person/ Singular	Tema	reisib	reisis	on reisinud
1st Person/ Plural	Meie	reisime	reisisime	oleme reisinud
2nd Person/ Plural	Teie	reisite	reisisite	olete reisinud
3rd Person/ Plural	Nemad	reisivad	reisisid	on reisinud

93. To understand - aru saama (AH-roo SAAAH-mah)

Can he understand Estonian? = Kas ta saab eesti keelest aru?

They have understood that it doesn't work. = Nad on aru saanud, et see ei tööta.

Do you understand me? = Kas sa saad minust aru?

Indicative Mood, Active Voice		Present Tense	Imperfect Tense	Perfect Tense
1st Person/ Singular	Mina	saan aru	sain aru	olen aru saanud
2nd Person/ Singular	Sina	saad aru	said aru	oled aru saanud
3rd Person/ Singular	Tema	saab aru	sai aru	on aru saanud
1st Person/ Plural	Meie	saame aru	saime aru	oleme aru saanud
2nd Person/ Plural	Teie	saate aru	saite aru	olete aru saanud
3rd Person/ Plural	Nemad	saavad aru	said aru	on aru saanud

94. To use - kasutama (KAH-suh-tah-mah)

We have used that company very often. = Me oleme seda firmat väga tihti kasutanud.

Do you still use the same pen? = Kas sa kasutad ikka veel sama pastakat?

I am using TV to entertain my guests. = Ma kasutan telerit, et oma külaliste meelt lahutada.

Indicative Mood, Active Voice		Present Tense	Imperfect Tense	Perfect Tense
1st Person/ Singular	Mina	kasutan	kasutasin	olen kasutanud
2nd Person/ Singular	Sina	kasutad	kasutasid	oled kasutanud
3rd Person/ Singular	Tema	kasutab	kasutas	on kasutanud
1st Person/ Plural	Meie	kasutame	kasutasime	oleme kasutanud
2nd Person/ Plural	Teie	kasutate	kasutasite	olete kasutanud
3rd Person/ Plural	Nemad	kasutavad	kasutasid	on kasutanud

95. To wait - ootama (OH-tah-mah)

Tim has waited Tom for 30 minutes. = Tim on Tomi 30 minutit oodanud.

They are waiting for the morning train. = Nad ootavad hommikust rongi.

I am waiting for you. = Ma ootan sind.

Indicative Mood, Active Voice		Present Tense	Imperfect Tense	Perfect Tense
1st Person/ Singular	Mina	ootan	ootasin	olen oodanud
2nd Person/ Singular	Sina	ootad	ootasid	oled oodanud
3rd Person/ Singular	Tema	ootab	ootas	on oodanud
1st Person/ Plural	Meie	ootame	ootasime	oleme oodanud
2nd Person/ Plural	Teie	ootate	ootasite	olete oodanud
3rd Person/ Plural	Nemad	ootavad	ootasid	on oodanud

96. To walk - jalutama (YAH-loo-tah-mah), kõndima

We were walking along the footpath. = Me jalutasime mööda kõnniteed.

He will be walking to the bus stop tomorrow. = Ta jalutab homme bussipeatusesse.

I am walking in the park. = Ma jalutan pargis.

Indicative Mood, Active Voice		Present Tense	Imperfect Tense	Perfect Tense
1st Person/ Singular	Mina	jalutan	jalutasin	olen jalutanud
2nd Person/ Singular	Sina	jalutad	jalutasid	oled jalutanud
3rd Person/ Singular	Tema	jalutab	jalutas	on jalutanud
1st Person/ Plural	Meie	jalutame	jalutasime	oleme jalutanud
2nd Person/ Plural	Teie	jalutate	jalutasite	olete jalutanud
3rd Person/ Plural	Nemad	jalutavad	jalutasid	on jalutanud

97. To want - tahtma (TAHT-mah)

I have always wanted to tell you that. = Ma olen alati tahtnud sulle seda öelda.

We want to come here for a holiday. = Me tahame siia puhkusele tulla.

I want to talk about it. = Ma tahan sellest rääkida.

Indicative Mood, Active Voice		Present Tense	Imperfect Tense	Perfect Tense
1st Person/ Singular	Mina	tahan	tahtsin	olen tahtnud
2nd Person/ Singular	Sina	tahad	tahtsid	oled tahtnud
3rd Person/ Singular	Tema	tahab	tahtis	on tahtnud
1st Person/ Plural	Meie	tahame	tahtsime	oleme tahtnud
2nd Person/ Plural	Teie	tahate	tahtsite	olete tahtnud
3rd Person/ Plural	Nemad	tahavad	tahtsid	on tahtnud

98. To watch - vaatama (VAAH-tah-mah)

Have you been watching this new TV show? = Kas sa oled seda uut teleseriaali vaadanud?

The nanny will be watching after your kids. = Lapsehoidja vaatab su laste järgi.

I am watching you. = Ma vaatan sind.

Indicative Mood, Active Voice		Present Tense	Imperfect Tense	Perfect Tense
1st Person/ Singular	Mina	vaatan	vaatasin	olen vaadanud
2nd Person/ Singular	Sina	vaatad	vaatasid	oled vaadanud
3rd Person/ Singular	Tema	vaatab	vaatas	on vaadanud
1st Person/ Plural	Meie	vaatame	vaatasime	oleme vaadanud
2nd Person/ Plural	Teie	vaatate	vaatasite	olete vaadanud
3rd Person/ Plural	Nemad	vaatavad	vaatasid	on vaadanud

99. To win - võitma (VY-hit-mah)

Susan won the competition. = Susan võitis võistluse.

She has won several prizes before. = Ta on eelnevalt mitu auhinda võitnud.

I won the game. = Mina võitsin mängu.

Indicative Mood, Active Voice		Present Tense	Imperfect Tense	Perfect Tense
1st Person/ Singular	Mina	võidan	võitsin	olen võitnud
2nd Person/ Singular	Sina	võidad	võitsid	oled võitnud
3rd Person/ Singular	Tema	võidab	võitis	on võitnud
1st Person/ Plural	Meie	võidame	võitsime	oleme võitnud
2nd Person/ Plural	Teie	võidate	võitsite	olete võitnud
3rd Person/ Plural	Nemad	võidavad	võitsid	on võitnud

100. To work - töötama (TERR-tah-mah)

They have been working for that company for ten years. = Nad on seal firmas kümme aastat töötanud.

I worked there only two months. = Ma töötasin seal vaid kaks kuud.

Indicative Mood, Active Voice		Present Tense	Imperfect Tense	Perfect Tense
1st Person/ Singular	Mina	töötan	töötasin	olen töötanud
2nd Person/ Singular	Sina	töötad	töötasid	oled töötanud
3rd Person/ Singular	Tema	töötab	töötas	on töötanud
1st Person/ Plural	Meie	töötame	töötasime	oleme töötanud
2nd Person/ Plural	Teie	töötate	töötasite	olete töötanud
3rd Person/ Plural	Nemad	töötavad	töötasid	on töötanud

101. To write - kirjutama (KIHR-yooh-tah-mah)

You wrote me a long letter. = Sa kirjutasid mulle pika kirja.

I have written hundreds of books. = Ma olen kirjutanud sadu raamatuid.

I will write you a comment. = Ma kirjutan sulle kommentaari.

Indicative Mood, Active Voice		Present Tense	Imperfect Tense	Perfect Tense
1st Person/ Singular	Mina	kirjutan	kirjutasin	olen kirjutanud
2nd Person/ Singular	Sina	kirjutad	kirjutasid	oled kirjutanud
3rd Person/ Singular	Tema	kirjutab	kirjutas	on kirjutanud
1st Person/ Plural	Meie	kirjutame	kirjutasime	oleme kirjutanud
2nd Person/ Plural	Teie	kirjutate	kirjutasite	olete kirjutanud
3rd Person/ Plural	Nemad	kirjutavad	kirjutasid	on kirjutanud

www.ingramcontent.com/pod-product-compliance
Lightning Source LLC
Chambersburg PA
CBHW081542040426
42448CB00015B/3182